APPRENTIS LECTEURS

SCIENCES

La vie des papillons

Allan Fowler

Texte français de Claude Cossette

Éditions
SCHOLASTIC

Catalogage avant publication de Bibliothèque
et Archives Canada

Fowler, Allan
La vie des papillons / Allan Fowler;
texte français de Claude Cossette.

(Apprentis lecteurs. Sciences)
Traduction de : It could still be a butterfly.
Pour les 3-6 ans.

ISBN-13 : 978-0-545-99802-4
ISBN-10 : 0-545-99802-6

1. Papillons--Ouvrages pour la jeunesse.
I. Cossette, Claude II. Titre. III. Collection.

QL544.2.F6814 2007   j595.78'9   C2006-906206-4

Conception graphique : Beth Herman Design Associates
Recherche de photos : Feldman & Associates, Inc.
Sur la photo de la couverture, on voit un porte-queue noir oriental.

Édition publiée par les Éditions Scholastic,
604, rue King Ouest, Toronto (Ontario) M5V 1E1.

5 4 3 2 1   Imprimé au Canada   07 08 09 10 11

Quel est l'insecte le plus joli?
Beaucoup de gens disent
que c'est le papillon.

Le papillon qu'on voit le jour
est un papillon diurne.
Lorsqu'il se pose sur une fleur,
il laisse ses ailes déployées...

ou les referme en les
joignant.

Un papillon qui vole la nuit ou qui se pose en mettant ses ailes à plat, comme celui de la photo, à droite, est probablement un papillon nocturne.

7

Il existe 80 000 espèces ou sortes de papillons diurnes. La belle dame est un papillon très joli que l'on voit souvent.

On nomme certains papillons
selon leurs couleurs. Voici le
bleu argenté.

Tous les papillons ne sont pas
aussi colorés que la belle dame
et le bleu argenté.

Un papillon peut aussi
être d'un brun terne avec
des points noirs, comme
le satyre.

Un papillon peut mesurer jusqu'à 20 centimètres, du bout d'une aile à l'autre. C'est plus grand que cette page!

On trouve des papillons de cette taille seulement dans les endroits où il fait chaud toute l'année.

Le plus gros papillon qu'on peut voir en Amérique du Nord est le porte-queue.

Le papillon a deux paires d'ailes écailleuses et six pattes, comme tous les insectes adultes.

La bouche du papillon est un long tube en spirale. Pour manger, le papillon déroule le tube et aspire le jus sucré des fleurs. Ce jus s'appelle nectar.

Certains papillons échappent
à leurs ennemis parce que leurs
couleurs les rendent difficiles
à distinguer.

D'autres papillons, comme le monarque, ont si mauvais goût que les oiseaux ne veulent pas les manger.

Chaque automne, les monarques quittent le Canada ou le Nord des États-Unis pour aller vers le sud. C'est la migration.

Ils passent l'hiver dans des endroits chauds, dans le Sud de la Californie ou au Mexique.

Parfois, des milliers de monarques
se posent sur un seul arbre.
On dirait des fleurs orange
agitées par le vent.

Au printemps, les monarques s'envolent de nouveau vers le nord. Ils pondent des œufs, et un nouveau cycle de vie commence.

Chaque papillon passe par quatre étapes dans sa vie. À chaque étape, il change complètement d'apparence.

Le papillon est d'abord
un œuf.

Lorsque l'œuf éclot,
il en sort une chenille.

La petite chenille mange
jusqu'à ce qu'elle devienne
grande et grosse.

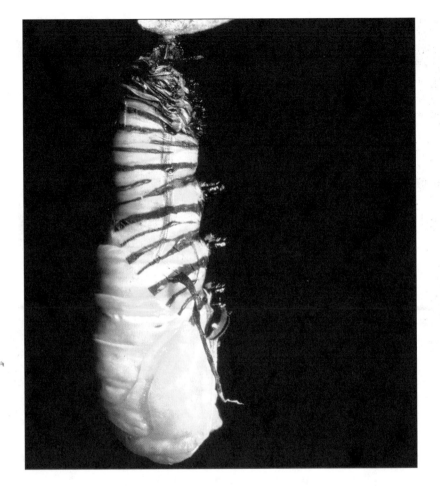

Puis elle se débarrasse de sa
peau et devient une chrysalide.

La chrysalide ne bouge pas,
mais à l'intérieur, l'insecte
se transforme.

Un jour, la chrysalide s'ouvre. Un magnifique papillon en sort...

et prend son envol.

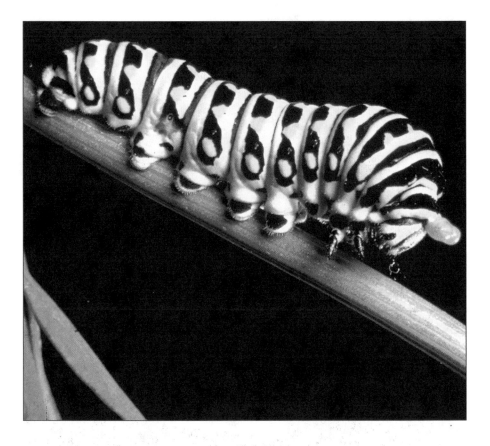

Une chenille qui rampe
n'est peut-être pas jolie
ni gracieuse...

mais n'oublie pas qu'un jour,
elle se transformera peut-être
en papillon.

Les mots que tu connais

œuf

chrysalide

chenille

monarque

belle dame

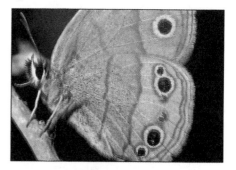

satyre

porte-queue

papillon nocturne

Index

Références photographiques

SuperStock International, Inc. – couverture, © H. Lanks, 16; © M. Keller, 27
Valan – © Alan Wilkinson, 4; © John Fowler, 5, 9, 13, 17, 21, 28, 30 (en haut à gauche, 31 (en haut et en bas à gauche); © Pam E. Hickman, 7, 15, 24, 31 (en bas à droite); © J.R. Page, 8, 31 (au centre à gauche); © Aubrey Lang, 19; © Pat Louis, 22; © John Mitchell, 23, 29, 30 (en bas)
Visuals Unlimited – © Bill Beatty, 11, 31 (au centre à droite); © D. Cavagnoro, 14; © William J. Weber, 25, 30 (en haut à droite); © Dan Kline, 26